MICHELET

Paris. — Typ. de Gaittet rue Git-le-Cœur, 7

MICHELET

Publié par GHAVARI

LES CONTEMPORAINS

MICHELET

PAR

EUGÈNE DE MIRECOURT

PARIS

GUSTAVE HAVARD, ÉDITEUR

BOULEVARD DE SÉBASTOPOL

rive gauche

L'Auteur et l'Editeur se réservent tous droits de reproduction.

1859

AVIS AUX SOUSCRIPTEURS

La biographie de Michelet commence une collection et une série nouvelles, et porte le chiffre 81.

Par suite de nouveaux arrangements stipulés entre l'auteur et l'éditeur des *Contemporains*, la publication se divise en séries de vingt volumes chacune.

Chaque série forme cinq tomes.

En conséquence, la première collection de la galerie contemporaine de M. Eugène de Mirecourt renferme QUATRE-VINGTS VOLUMES et forme VINGT TOMES de bibliothèque. Les deux derniers volumes de cette collection, *complétement* inédite, sont les Notices consacrées à Philarète Chasles et à Mérimée. La Notice de Philarète Chasles (n° 79) et celle de Mérimée (n° 80) paraîtront dans le courant d'avril.

GUSTAVE HAVARD.

————

MICHELET

Voici un des hommes qui, par leurs allures semi-voltairiennes, semi-démagogiques, et par leur confiance exagérée dans la raison, — cette pauvre raison humaine, dont ils se montrent si fiers, et qui, sans le bâton de la foi, trébuche à chaque pas! — voici, disons-nous, un des hommes qui ont le plus contribué à la démoralisation politique et religieuse de ce siècle.

Encore une idole à renverser de son piédestal; encore un de leurs fétiches à briser!

Le grand-père paternel du héros de cette histoire était maître de musique à Laon.

Vers la fin de la Terreur, il réalisa le peu de fortune qu'il possédait, vint à Paris, et sollicita pour son fils aîné un emploi à l'imprimerie des assignats.

Tous ceux qui avaient à leur disposition quelque numéraire s'empressaient alors d'acheter à vil prix forcé biens nationaux.

Cette spéculation parut à notre professeur de musique aussi déloyale que honteuse.

Il en chercha une plus honnête.

La République, après avoir fabriqué pour neuf milliards de papier-monnaie, fit tout simplement banqueroute.

Au mois de mars 1796, la presse aux assignats fut brisée, juste au moment où le jeune imprimeur picard, qui aidait à la desservir, venait de prendre femme. On tint conseil, et l'on consacra toutes les ressources apportées de province à l'achat d'un matériel typographique, dont la direction lui fut confiée.

Pour obtenir ce matériel à meilleur prix, on le paya comptant.

Une sœur du nouveau marié sacrifia sa dot, et un frère cadet renonça généreusement à sa part d'héritage.

Si l'on en croit les renseignements au-
tobiographiques, transmis par Michelet
lui-même, ce désintéressement héroïque
était de tradition dans la ligne ascen-
dante.

« Les deux familles dont je procède,
dit notre historien, l'une picarde et l'autre
ardennaise, étaient originairement des
familles de paysans, qui mêlaient à la culture un peu d'industrie.

» Ces familles étaient fort nombreuses,
— douze enfants, dix-neuf enfants.

» Une grande partie des sœurs et des
frères de mon père et de ma mère ne vou-
lurent pas se marier, pour faciliter l'é-
ducation de quelques-uns des garçons
que l'on mettait au collége.

» Premier sacrifice que je dois noter.

» Dans ma famille maternelle particulièrement, les sœurs, toutes remarquables par l'économie, le sérieux, l'austérité, se faisaient les humbles servantes de messieurs leurs frères, et, pour suffire à leurs dépenses, elles s'enterraient au village.

» Plusieurs, cependant, sans culture, et dans cette solitude sur la lisière des bois, n'en avaient pas moins une très fine fleur d'esprit. J'en ai entendu une bien âgée qui contait les anciennes histoires de la frontière aussi bien que Walter Scott.

» Ce qui leur était commun, c'était une grande netteté de sens et de raisonnement.

» Il y avait là force prêtres dans les
cousins et parents, des prêtres de diverses sortes, mondains, fanatiques ; mais
ils ne dominaient pas. Nos judicieuses et
sévères demoiselles ne leur donnaient pas
la moindre prise. Elles racontaient volon-
tiers qu'un de nos grands oncles , du
nom de Paillart ou de Michaud, avait
été brûlé jadis pour avoir fait certain livre (1). »

Grâce au progrès des lumières, Jules
Michelet, petit-neveu de ce galant homme, a imprimé toutes ses œuvres sans
risque, et sans craindre le fagot.

L'imprimerie de la famille Michelet oc-

(1) Préface de l'ouvrage intitulé *le Peuple.*

cupait le chœur d'une ancienne église de religieuses.

Nous ne cherchons aucun rapprochement puéril; mais on peut dire que l'enfant qui reçut le jour sous ces voûtes profanées porte au front la marque originelle du lieu qui abrita son berceau.

Lui aussi est un temple dévasté.

Sur ce beau génie qui chantait, à ses débuts dans la carrière, l'hymne solennel de la foi, vint tout à coup s'abattre un souffle destructeur.

Michelet a déserté l'autel du spiritualisme pour aller s'agenouiller devant la déesse Raison.

Comme beaucoup d'autres, hélas! il s'est voué au culte de la matière; il a cédé à cet esprit de vertige qui pousse la vieille Europe aux abîmes.

Jules Michelet vint au monde le 21 août 1798.

L'établissement typographique de son père se maintint dans une situation assez heureuse, tant que dura le régime de la liberté absolue, c'est-à-dire jusqu'au 18 brumaire.

Débats politiques sans fin, querelles de partis, nouvelles de l'armée, tout contribuait à offrir chaque jour de nouveaux aliments aux presses innombrables qui existaient alors.

Mais, vers 1800, la suppression des journaux fut proclamée sur toute la ligne.

Quand le journalisme meurt, les typographes sont malades.

On laissa par tolérance à Michelet père l'autorisation d'imprimer une seule gazette; encore ne traitait-elle que des questions ecclésiastiques. Il soutint l'entreprise à grands frais; puis, au moment où cette feuille commençait à réussir, on lui en retira le privilége « pour le donner, dit son fils, à un prêtre que Napoléon croyait sûr et qui le trahit bientôt. »

Le pouvoir, en 1810, fit une autre levée de boucliers contre la presse.

Il l'enferma dans des limites excessivement restreintes, et jugea convenable de l'organiser en monopole, au profit d'un petit nombre d'imprimeurs, dévoués au ministère de la police.

Michelet père, déjà ruiné à demi, le fut alors complétement.

Un beau matin, il reçoit la visite d'un personnage à la voix pateline, aux formes sucrées, qui lui annonce que Sa Majesté l'empereur et roi vient de réduire à soixante le nombre des imprimeurs de sa bonne capitale.

On conserve les gros, rien de plus simple.

Quant aux petits, on les supprime, et Michelet père est au nombre des petits.

L'indemnité qu'on lui accordait, si l'on en croit toujours les détails que son fils nous donne, était à peu près sur le pied de quatre sous à quatre francs.

Que faire ? Le seul parti possible est celui de la résignation.

Comme le typographe a des dettes, il se décide, pour faire honneur à ses engagements, à imprimer quelques ouvrages dont la propriété lui appartient. Le décret impérial permet cette échappatoire.

D'ouvriers, il n'y en a plus.

Tout l'ouvrage doit se faire en famille.

Appelé continuellement au dehors par des embarras financiers, des arrangements à prendre ou des délais à obtenir, le chef de la maison ne peut pas lui-même s'occuper de la besogne.

Sa femme malade se fait brocheuse, coupe et plie.

Jules, qui entre dans sa douzième année, lève la lettre et compose.

Le vieux grand-père, pauvre artiste qui regrette son violon, se met, à soixante-quinze ans, au dur labeur de la presse à bras.

Dans la catégorie d'ouvrages qu'il leur est permis de publier, Jules ne trouve pas grande matière au développement de son intelligence.

Pour la plupart, ce sont des recueils de calembours, de facéties, de coq-à-l'âne, de charades ou d'acrostiches, déplorables échantillons de cette littérature de paco-

tille, qui s'étale dans les boîtes du bouqui-
niste, sur le parapet des quais.

De nos jours encore, ceci forme, avec
le *double Liégeois* et l'imagerie de Pel-
lerin, tout le contenu de la balle du col-
porteur, dans notre France civilisatrice
et amie des lettres.

Alors, comme aujourd'hui, ces pauvre-
tés se vendaient le mieux du monde. Elles
faisaient vivre la malheureuse famille.

Debout devant sa casse, notre futur
historien, dont une besogne machinale
n'entrave pas l'imagination, se laisse aller à des rêveries continuelles.

Tandis que ses doigts, pauvres doigts
d'enfant, tout gercés de crevasses pendant la saison froide, assemblent les let-

tres de plomb, sa tête médite et pense.

Plus ses romans personnels s'animent dans son cerveau, plus sa main est vive, plus la lettre se lève avec rapidité.

Jules ne sait rien encore, sauf un ou deux mots de latin que lui apprend un vieux libraire, ex-pédagogue de campagne, grand ami de Vaugelas et des doctrines de 93.

Mais c'était un homme taillé sur l'antique.

Ennemi des émigrés, il en avait sauvé neuf de la hache des terroristes, et cela au péril de sa propre existence.

Les heures que Jules passait à étudier auprès de lui étaient ses heures de récréation. Il regagnait ensuite l'atelier silencieux, où il n'avait d'autre compagnie que celle de son aïeul, occupé à faire gémir la presse de ses mains tremblantes.

Trois volumes lui tombèrent alors entre les mains, une *Mythologie*, un *Boileau* et une *Imitation de Jésus-Christ*.

Ce dernier livre fut pour lui toute une révélation.

Jusqu'alors, il avait été élevé dans la plus profonde ignorance des idées religieuses. Son père ne disait jamais « Dieu, » mais « la Providence, » ou bien « l'Être suprême, » comme Maximilien Robespierre.

Nous devons même dire que le brave imprimeur connaissait beaucoup plus Apollon et Jupiter que Jésus-Christ.

« Et voilà que dans ces pages (nous citons les propres paroles de Michelet) j'aperçois tout à coup, au bout de ce triste monde, la délivrance de la mort, l'autre vie et l'espérance!

» La religion, reçue ainsi et sans intermédiaire humain, fut très forte en moi. Elle me resta comme une chose mienne, chose libre, vivante, si bien mêlée à ma vie, qu'elle s'alimenta de tout, se fortifiant sur la route d'une foule de choses tendres et saintes dans l'art et la poésie, qu'à tort on lui croit étrangères.

» Comment dire l'état de rêve où me jetèrent ces premières paroles de l'*Imitation*? Je ne lisais pas, j'entendais, comme si cette voix douce et paternelle se fût

adressée à moi-même. Je vois encore la grande chambre froide et démeublée. Elle me parut vivement éclairée d'une lueur mystérieuse. Je ne pus aller bien loin dans le livre, ne comprenant pas le Christ, mais je sentis Dieu. »

Ce n'est pas nous qui rédigeons ces lignes.

Avions-nous tort de dire tout à l'heure que l'âme de Michelet eût été un sanctuaire, sans les pernicieuses influences du matérialisme ?

Echo des pures et saintes impressions de l'enfance, le passage qu'on vient de lire est empreint de ce profond sentiment religieux dont les grands cœurs euls sont capables.

L'existence de Jules s'écoulait ainsi, laborieusement occupée, et nourrie de pensées fortes et graves.

Chaque matin, avant de se rendre au travail, il allait régulièrement chez son vieux maître, qui lui faisait traduire quelques vers d'Ovide ou de Virgile, et lui corrigeait les thèmes ou les versions qu'il écrivait le soir, après la leçon de musique donnée par le grand-père.

Or, celui-ci n'était pas à beaucoup près aussi content de son élève que le professeur de latin.

La notation quasi-algébrique de la langue musicale rebutait Jules. Il finit par renoncer à vaincre des difficultés qu'il trouvait insurmontables.

En attendant, la gêne devenait tous les jours plus grande au foyer domestique, et les faibles ressources de l'indemnité s'épuisaient.

Pour comble de malheur, la mère de notre héros tomba gravement malade.

Jules ne se livrait à aucune promenade, à aucun plaisir. Seulement, il allait de temps à autre parcourir les salles du *Musée des monuments français*, fondé en 1794 par Alexandre Lenoir, dans le couvent des Petits-Augustins (1), et détruit au retour des rois de la branche aînée.

« Je remplissais, dit-il, ces tombeaux de mon imagination ; je sentais ces morts à travers les marbres, et ce n'était pas

(1) Aujourd'hui École des beaux-arts.

sans quelque terreur que j'entrais sous les voûtes basses où dormaient Dagobert, Chilpéric et Frédégonde. »

Un ami de la famille proposa de faire entrer le jeune Michelet à l'imprimerie impériale.

C'était assurer son pain ; mais c'était probablement aussi arrêter à jamais l'essor de son intelligence. Toutes les facultés de l'esprit se révélaient, chez le jeune homme, si actives et si fécondes en promesses, que ses parents reculèrent devant la perspective de le réduire à la condition de simple ouvrier. Cette famille, déjà si près de la misère, trouva moyen de s'imposer encore de nouveaux sacrifices, et Jules fut mis au collége Charlemagne.

Il avait quatorze ans.

Sa force en latin lui permettait de suivre la classe de rhétorique; mais il ne savait pas un mot de grec, et jamais son vieux pédagogue ne lui avait enseigné l'art d'aligner des syllabes brèves et longues en forme d'hexamètres ou de pentamètres.

Cette infériorité relative le fit reléguer en troisième, où il arriva bientôt, du reste, à tenir le premier rang sur tout le programme universitaire.

Jules trouva chez son professeur sympathie et encouragement.

Mais, chez ses condisciples, ce fut autre chose. On lui fit payer ses succès par des déboires sans nombre et par d'injustes mépris.

Le brillant élève était un pauvre diable mal vêtu, à peine chaussé.

Sa cravate, pleine d'effiloches, déguisait mal l'absence de linge, et les manches de son habit lui venaient aux coudes.

Voilà de ces torts qu'on ne pardonne pas au collége, lorsque surtout une évidente supériorité d'intelligence vient s'y joindre.

Notre jeune élève connut le chagrin et le malheur par les ridicules de sa mise.

Il tomba dans une misanthropie précoce, et se prit à haïr ses semblables de toute la force de son orgueil blessé.

Jules ne se mêlait point aux récréations; il obtint même de ne pas suivre les promenades.

On le voyait s'enfermer, le dimanche et le jeudi, dans les salles de classe, où il relisait un chant de Virgile, un livre de Tacite. Il conversait familièrement avec les dieux, avec les héros, avec les grands hommes, cherchant à puiser dans cet entretien l'amour du beau, le culte des hautes pensées.

Quand Michelet perdit sa mère, il était encore au collége.

Nous avons recours aux citations, dans ce volume, beaucoup plus que nous ne le faisons ordinairement.

L'homme qu'il s'agit de peindre ici n'a

jamais vécu en dehors de ses études et de sa chaire de professeur. On ne peut le saisir que par les faces qu'il présente, ou par les points de son histoire que nous trouvons disséminés çà et là dans ses ouvrages.

Voici comme il parle de sa mère, en tête du livre qui a pour titre : *Du Prêtre, de la Femme et de la Famille :*

« J'ai écrit tout ceci en pensant à une femme dont le sérieux esprit ne m'eût pas manqué dans ces luttes. Je l'ai perdue, il y a trente ans ; j'étais enfant alors, et néanmoins, toujours vivante, elle me suit d'âge en âge.

» Elle a eu mon mauvais temps, et elle n'a pu profiter de mon meilleur.

» Jeune, je l'ai contristée, et je ne la consolerai pas. Je ne sais pas seulement où sont ses os ; j'étais trop pauvre alors pour lui acheter de la terre. Et pourtant je lui dois beaucoup.

» Je me sens profondément le fils de la femme.

» A chaque instant, dans mes idées, dans mes paroles (sans parler du geste et des traits), je retrouve ma mère en moi. C'est bien le sang de la femme, la sympathie que j'ai pour les âges passés, ce tendre ressouvenir de ceux qui ne sont plus.»

Pendant les deux dernières années qu'il passa au collége, Jules Michelet eut pour professeurs deux jeunes gens qui lui prodiguèrent de grandes marques de bienveillance et des soins tout particuliers.

C'étaient l'excellent M. Victor Le Clerc, aujourd'hui doyen de la Faculté des lettres de Paris, et M. Villemain.

Ses classes se terminèrent avec un grand succès.

Il fallut songer au choix d'une profession. L'heure était venue de dire adieu aux triomphes de collége et de descendre dans la grande arène sociale pour y conquérir un sort.

« J'eus le bonheur, nous dit Michelet, d'échapper aux deux influences qui perdaient les jeunes gens de mon époque, celle de l'école doctrinaire, majestueuse et stérile, et celle de la littérature industrielle, dont la librairie, à peine ressuscitée, accueillait alors facilement les plus malheureux essais.

» Je ne voulus point vivre de ma plume.

» Je voulus un vrai métier; je pris celui que mes études me facilitaient : l'enseignement. Je pensai, dès lors, comme-Rousseau, que la littérature doit être la chose réservée, le beau luxe de la vie, la fleur intérieure de l'âme.

» C'était un grand bonheur pour moi, lorsque, dans la matinée, j'avais donné mes leçons, de rentrer dans mon faubourg, près du Père-Lachaise, et là, paresseusement, de lire tous les jours les poètes, Homère, Sophocle, Théocrite, et parfois les historiens. »

Michelet mena près de trois ans cette vie d'intelligente et poétique paresse.

Bien certainement il ne se doutait pas qu'il dût devenir un des premiers écrivains de ce temps-ci.

Son occupation principale consistait à donner des leçons chez les particuliers ou dans les pensionnats. Il enseignait tout ce qu'on voulait, les langues, la philosophie, l'histoire.

Pendant un certain temps, il fut le Maître Jacques d'une institution délabrée de la rue Copeau.

Indépendamment des spécialités grammaticales ou littéraires, il y enseigna les mathématiques, les sciences physiques et naturelles, l'italien et le dessin.

Le seul plaisir que se permît le jeune homme était une promenade, de temps à autre, sous les grands arbres du bois de Vincennes, en société d'un de ses amis, grand raisonneur et analyste sans pareil.

Pendant des heures entières, la philosophie et les lettres fournissaient à leurs causeries des éléments intarissables.

Notre professeur était alors chaud royaliste et catholique fervent.

Toutefois, il n'alla pas jusqu'à servir dans la garde royale, ainsi que l'affirme le biographe du clergé contemporain.

Jamais non plus il n'a inséré dans les *Lettres champenoises* ce fameux dithyrambe en l'honneur des Suisses, qui aurait obtenu, dit le même biographe, un grand succès de ridicule.

Il faut tâcher de ne point combattre ses adversaires avec l'inexactitude ou le mensonge.

Evidemment il y a ici confusion de noms et de personnes.

Le fait méritait un examen sérieux, et il résulte de nos recherches que Michelet n'a jamais endossé l'habit militaire.

Du reste, il suffit de l'avoir vu, pour en jurer.

Sa première ferveur monarchique et religieuse n'en est pas moins certaine. Elle le fit admettre, comme professeur, au collége Sainte Barbe, aujourd'hui collége Rollin.

Si· Michelet vient, nous dire que le concours seul lui en ouvrit les portes, nous lui répondrons que les candidats, avant d'être admis au concours, étaient scrupuleusement épluchés, comme opinion, par les congréganistes, sous le patronage immédiat desquels était placé le collége (1).

On savait qu'il allait à confesse et qu'il communiait régulièrement une fois par mois.

En 1825, il prélude à ses grands travaux historiques par la publication de

(1) Ceci se passait en 1821. Michelet arriva sans sollicitations à ce grade universitaire. Il ne devint solliciteur qu'en 1828, époque où il fit agir puissamment auprès du ministre Martignac un de ses illustres amis.

deux ouvrages élémentaires (1); puis en 1827, il fait paraître son *Précis d'his toire moderne*, petit chef-d'œuvre de science, lumineux et concis, qui marque d'une manière bien tranchée la conversion (si conversion il y a) de l'auteur aux idées libérales.

Il s'y élève avec force contre l'intolérance et le fanatisme, qu'il confond déjà trop souvent avec la religion.

La France, toujours affolée de nouveaux systèmes, portait, en ce temps-là, des chapeaux Bolivar sur la tête, et, sous

(1) Un tableau chronologique de l'histoire moderne, depuis la prise de Constantinople par les Turcs jusqu'à la Révolution française (volume in-8º), et des tableaux synchroniques de l'histoire moderne (volume in-4º).

le bras, la *Critique de la Raison pure*, de
Kant.

Michelet lut ce livre, et en fit la base
de ses théories historiques et humani-
taires

En cette même année 1827, il publia
un livre qui établit sa réputation sur des
bases solides. Nous parlons des *Principes
de la philosophie de l'histoire*, traduits de
la *Scienza nuova* de Jean-Baptiste Vico,
précédés d'un discours sur le système et
la vie de l'auteur.

Cette œuvre de génie était restée complétement ignorée pendant un siècle.

Elle venait d'être remise en lumière
par un Allemand, M. Ernest Weber, lors-

que Michelet entreprit de la faire connaî-
tre à la France.

Du reste, le savant professeur était
loin d'adopter en entier les doctrines fa-
talistes du maître. Il s'en séparait sur les
points les plus importants. Ainsi, par
exemple, il se refusait à croire que l'espèce humaine fût invariablement con-
damnée à évoluer dans le même cycle, et
à retomber de la civilisation dans la bar-
barie, après un certain nombre de siècles,
pour s'élever de nouveau du droit de la
force au droit de la raison.

Il protestait aussi contre cette conclu-
sion du philosophe napolitain, qui pro-
clamait infaillible toute idée se présen-
tant avec l'assentiment unanime des hommes.

« L'histoire ne nous prouve-t-elle pas, disait-il, que les plus grossières erreurs ont été consacrées par toutes les nations de la terre, et que le témoignage universel s'empreint des préjugés de chaque siècle?»

Ce remarquable travail valut à Michelet sa nomination de maître de conférences pour l'histoire à l'Ecole normale.

« L'enseignement me servit beaucoup, nous dit-il ; la terrible épreuve du collége avait changé mon caractère, m'avait comme serré et fermé, rendu timide et défiant.

» Marié jeune, et vivant dans une grande solitude, je désirais de moins en moins la société des hommes. Celle que

je trouvai dans mes élèves, à l'Ecole normale et ailleurs, rouvrit mon cœur, le
dilata.

» Ces jeunes générations, aimables et
confiantes, qui croyaient en moi, me ré-
concilièrent à l'humanité.

» J'étais touché, attristé souvent aussi
de les voir se succéder devant moi si
rapidement. A peine m'attachais-je, que
déjà ils s'éloignaient.

» Les voilà tous dispersés, et plusieurs (si jeunes!) sont morts. Peu m'ont
oublié; pour moi, vivants ou morts, je
ne les oublierai jamais.

» Ils m'ont rendu, sans le savoir, un
service immense.

» Si j'avais, comme historien, un mérite spécial qui me soutenait à côté de mes illustres prédécesseurs, je le devais à l'enseignement qui, pour moi, fut l'amitié. Ces grands historiens ont été brillants, judicieux, profonds. Moi, j'ai aimé davantage (1). »

Cette définition de Michelet par lui-même est profondément juste.

Après avoir cédé d'abord aux instincts de la misanthropie, il était devenu tout à fait un disciple du sentiment. Les élans de son cœur n'étant pas toujours réprimés par l'examen de la froide raison, et même, disons plus, par les conseils du sens commun, il en est résulté qu'il s'est

(1) *Le Peuple*, page 34.

mépris, en plus d'une occurrence, sur les hommes et sur les choses.

Nous en aurons bientôt la preuve incontestable.

Après la révolution de Juillet, Michelet fut nommé chef de la section historique aux archives du royaume.

Rien alors ne lui eût été plus facile, avec ses antécédents, que d'aborder la vie publique. Tout le monde faisait la chasse aux emplois, à la députation, aux portefeuilles.

Michelet refusa de suivre le torrent.

« Je me suis jugé, dit-il ; je n'ai ni la santé nécessaire, ni le talent politique, ni le maniement des hommes. »

Jamais il ne s'est départi de cette ho-

norable résolution , et , certes, si elle
n'est point le résultat de cette étrange
timidité que parfois l'orgueil engendre, il
y a de quoi lui obtenir le pardon de bien
des fautes.

Si les basses convoitises de nos vieux
charlatans du pouvoir nous trouvent
prompt à démasquer et à flétrir, nous
honorons le désintéressement personnel
comme une vertu.

En 1831, Michelet fait paraître la première partie d'une *Histoire romaine* (1),
en deux volumes in-octavo.

Ce livre, comme on devait s'y attendre,
abondait en critiques ingénieuses et en
aperçus pleins d'originalité.

(1) Epoque de la République.

Peu de temps auparavant, il avait publié l'*Introduction à l'Histoire universelle*, dont la seconde édition, imprimée en 1834, s'augmente du discours d'ouverture que l'auteur prononça, le 9 janvier, à la Faculté des lettres.

En même temps, notre écrivain donne le premier tome de son grand travail sur l'*Histoire de France* (1).

Cicéron dit : L'histoire plaît, de quelque manière qu'elle soit écrite.

Après nombre d'écrivains anciens et modernes ; après la vénérable chronique

_____

(1) L'ouvrage entier en comportait douze, et l'auteur avait fait précéder cette publication d'un volume in-8° qui a pour titre : *Précis de l'histoire de France jusqu'à la Révolution française.*

de Grégoire de Tours ; après l'habile et malicieuse compilation du révérend père Daniel, dont le style, au bout du compte, n'est pas sans charme ; après l'Astronome qui nous a laissé la vie de Louis le Débonnaire ; après le moine de Saint-Denis, Villehardouin, Joinville, Monstrelet, Froissard, Commines, Pasquier, et, de nos jours, après Augustin Thierry, le savant, l'ingénieux, le profond historien ; après Sismondi, le compilateur sagace ; après Guizot, le lourd philosophe, Michelet vient nous parler à son tour de nos origines et de nos aïeux.

Il se montre grand érudit, grand peintre et grand poète.

Plein de science, il n'en est pas gonfle ; chargé de savoir, il n'en est pas lourd.

Son style a l'allure vive et preste de ces hommes de puissante intelligence, qui abrègent et simplifient tout, parce qu'ils voient tout.

Du reste, ce bénédictin, ce poète, ce philosophe a les défauts de ses qualités : il est parfois trop savant, trop poète et trop philosophe.

Ici, nous le voyons donner une importance exagérée à des détails qu'il devrait, sinon ignorer, du moins laisser dans l'ombre. Là, son esprit aventureux ou ses manies sentimentales l'emportent hors des bornes de la saine logique et du bon goût. Plus loin, son désir de tout expliquer l'entraîne dans d'incompréhensibles rêveries.

Néanmoins, avouons-le, si bizarres que

soient ses pensées, si étrange que soit la forme sous laquelle il les présente, jamais il ne cesse de tenir le lecteur sous le charme victorieux de son génie.

On critique, mais on admire.

Ses écarts, même les plus insensés, dénotent des facultés extraordinaires, un esprit d'une puissance énorme.

Décoré de la Légion d'honneur en avril 1833, Michelet fut appelé, l'année suivante, à suppléer M. Guizot à la Faculté des lettres.

Il fit paraître, en 1835, deux volumes sous le titre de : *Mémoires de Luther, écrits par lui-même, rédigés et mis en ordre par M. Michelet.*

Or, sous ce titre, si formellement explicite, il y avait une supercherie de libraire.

Le moine hérétique, le fougueux augustin qui, au mépris de ses vœux, épousa Catherine de Bohren, le père du protestantisme enfin, n'a jamais écrit de *Mémoires.*

Michelet recueillit dans les lettres de cet homme, dans ses discours, dans ses pamphlets contre le pape, dans les notices biographiques publiées sur lui à diverses époques, une foule de documents sur sa vie, sur son caractère, sur ses mœurs, qu'il rassembla pêle-mêle dans une rédaction faite à la hâte, et qui, sous le patronage de son mérite littéraire, furent jetés à la tête de ce public avide, glouton, grossier, étourdi, charlatan, et qui ne peut se passer de charlatanisme.

Cette œuvre apocryphe fut suivie, en 1837, des *Origines du Droit français, cherchées dans les symboles et formules du Droit universel* (1).

Lorsque l'influence de l'éclectisme devint prédominante à l'Ecole normale, Michelet ne se prosterna point devant le dieu Cousin.

Il se démit de ses fonctions de maître de conférences.

Cette résolution courageuse lui valut deux triomphes successifs. Le collége de France et l'Institut favorisèrent presque simultanément sa candidature, le pre-

(1) Un volume in-8.

mier pour l'installer dans la chaire de
morale et d'histoire, vacante par la mort
de Daunou; le second pour lui donner à
l'Académie des sciences morales et politiques (1), le fauteuil du comte Réinhard.

On sait l'usage que M. Michelet fit de
sa chaire : il ouvrit aussitôt la campagne
contre les jésuites.

Vraiment, c'est une chose fâcheuse
pour l'illustre professeur que les sténo-
graphes aient saisi au vol chacun de ses
discours, aux diverses époques où ils furent prononcés. Notre tâche devient trop
facile, et, pour combattre M. Michelet,
il nous suffit de le citer lui-même.

Voici ce que disait, en 1838, l'homme

_____

(1) Section de l'histoire générale et philosophique.

qui, depuis, a lancé contre l'institution de Loyola de si effroyables diatribes.

Ecoutez !

« On ne saurait assez louer le dévouement des Jésuites.

» Leur héroïsme en Europe nous est connu ; mais il faut les suivre en Asie. Il faut voir la facilité, l'empressement avec lequel ils reçoivent le martyre.

» Ce sont là des titres à la gloire. Chez nous, le dévouement ne meurt pas.

» Et puis qu'elle est belle leur obéissance, qu'elle est grande, qu'elle est sublime !

» Au moindre mot, un Jésuite, d'une haute naissance souvent, sans attendre une heure, obéit, fallût-il partir pour les

extrémités du monde! Ainsi quand saint
François Xavier reçoit de saint Ignace
l'ordre de partir pour les Indes, il ne fait
rien autre chose, il met ses souliers et
part pour les Indes.

» C'est qu'il n'y avait jamais pour eux
ni famille, ni parents, ni amis, mais Dieu,
Dieu seul et l'obéissance !

» Et François Xavier aborde aux Indes. Son cœur est impénétrable aux flè-
ches empoisonnées; il subjugue les hommes, il les subjugue par son regard.

» Aujourd'hui, si l'on n'avait pas détruit l'ouvrage des Jésuites, la Chine serait un peuple civilisé. Un jésuite y était
déjà ministre. Mais un mot de Rome leur
ôte toute influence, et ce mot a enlevé

deux ou trois milliards d'hommes à la civilisation européenne.

» Pour caractériser l'esprit des Jésuites, ce fut un esprit monumental (1). »

Les hostilités alors n'étaient point entamées. M. Michelet parlait sans aigreur, sans rancune, sans passion. Il rendait hommage à la vérité historique pure et simple.

Mais, deux ans plus tard, son langage n'est plus le même.

On a eu le malheur de ne pas approuver quelques-unes de ses doctrines ; on a blessé son orgueil, et il prononce dans la même chaire les paroles que voici :

(1) Sténographié par l'*Ami de la Religion*, t. xcviii, p. 65 et suiv., 369 et suiv., 481 et suiv.

« En parcourant le grand livre des
Constitutions des Jésuites, on est effrayé
de l'immensité des détails, de la prévoyan-
ce infiniment minutieuse dont il témoigne.

» Edifice toutefois plus grand que gran-
diose; petit esprit, subtil et minutieux,
esprit scribe, manie réglementaire infi-
nie, curiosité gouvernementale qui ne
s'arrête jamais, qui voudrait voir, attein-
dre le fond, par delà le fond; mélange
bâtard de bureaucratie et de scholasti-
que; plus de police que de politique. Tout
est bâti sur un principe : *surveillance mu-
tuelle*, police et contrepolice : le confes-
seur même espionné par sa pénitente,
qu'on lui envoie pour lui faire des questions insidieuses ; une femme servant
tour à tour d'espion à deux hommes ja-

loux l'un de l'autre... Enfer sous l'enfer! Où est le Dante qui aurait trouvé cela?»

Quand de pareilles pièces se trouvent annexées au procès, le lecteur juge, et ses jugements sont sans appel.

Lamennais, écrivant ses œuvres impies, après l'*Essai sur l'Indifférence*, ne paraîtra pas plus coupable que M. Michelet.

Foin de ces apôtres qui dressent un autel aujourd'hui pour le renverser demain !

Renversez-le, soit.

Mais restez sous les ruines, et n'ayez pas l'impudeur de prêcher de nouveau.

Vous avez perdu toute espèce de droit

à notre confiance; nous refusons de vous croire. Ceux-là seuls dont vos honteux revirements appuient les indignes systèmes, peuvent vous applaudir; mais tout ce qui est honnête vous condamne.

Taisez-vous!

Au mois d'avril 1842, quelques troubles éclatent au cours de M. Michelet.

— Ce sont les Jésuites! s'écrie le professeur. Ils envoient leurs jeunes saints au collége de France pour étouffer mes paroles; on m'a sifflé, donc la liberté est morte.

O comédie! Nous n'osons pas dire : O sottise!

— Eh! non, monsieur Michelet, répondirent alors les gens sensés, vous voyez

des Jésuites partout. Vous prenez pour
des Jésuit es jusqu'aux pavés de la rue
des Postes, jusqu'aux moulins de Mon-
trouge. Vous vous exagérez singulière-
ment l'importance des bons Pères. Si l'on
fait du tapage à votre cours, il faut tout
bonnement vous en prendre à ce ramassis
d'étudiants qui n'étudient pas, de jeunes
brouillons étourdis, amateurs de vacarme
et ne comprenant rien aux points en li-
tige. Ils composent la très grande majo-
rité de votre auditoire.

Mais le *Journal des Débats*, ce vieil or-
gane imbécile et têtu de la propagande
voltairienne, cet ami quand même de tout
ce qui est volte-face et parjure, se garda
bien d'être de l'avis des gens sensés.

Il accusa les Jésuites à son tour et pro-

diguá ses plus chaudes sympathies à M.
Michelet.

Une autre marotte du célèbre professeur est celle du protestantisme.

A tout propos, il développe ce thème :
« Que la France eût gagné à se faire transitoirement protestante. »

Transitoirement est superbe !

Luther et Calvin, aux yeux de M. Michelet, sont les frères de Rabelais et de
Copernic. Il a pour eux un enthousiasme
impossible à décrire. Son admiration pour
ces grands hérétiques passe à l'état de
manie et d'idée fixe. On n'a jamais pu
trouver de remède à ce mal incurable.

En 1843, le professeur fit un voyage en
Suisse.

Son premier soin fut de convoquer à Genève les ministres du culte réformé.

L'ombre de Calvin dut tressaillir joyeusement sous la tombe : il s'agissait de s'entendre pour accélérer en France les progrès du protestantisme, et l'on chercha les moyens de constituer aussi vite que possible dans notre pays une Église nationale.

Par malheur on ne réussit point à arrêter de plan convenable.

Quel dommage !

M. Michelet devrait bien aujourd'hui provoquer avec les ministres de Genève des pourparlers nouveaux, afin de décider une bonne fois la France catholique à embrasser la réforme.

Lorsqu'une idée est heureuse, et surtout lorsqu'elle doit produire d'aussi beaux résultats, on doit y mettre plus de persistance.

Il faut rendre justice à l'illustre professeur : quand il ne parlait dans son cours ni des Jésuites, ni des protestants, ni des démagogues, il se faisait écouter avec beaucoup de plaisir. Son éloquence avait un attrait particulier ; sa phrase, toujours limpide, coulait de source, et sa pensée n'était jamais obscure. Il ne chargeait pas l'esprit de ses auditeurs d'événements et de dates ; il savait isoler un fait pour en présenter le côté pittoresque et en déduire les conséquences philosophiques.

Son cours n'était que le récit de ses impressions personnelles, de ses prédi-

lections en littérature comme en histoire.

Michelet parlait simplement, comme
avec lui-même, par petites phrases déta-
chées, dont le lien n'existait souvent
que dans la pensée de l'orateur.

Le public ne devinait pas d'abord la
transition, et trouvait les harangues un
peu décousues, parce qu'on le menait des
bords du Rhin à la bibliothèque Sainte-
Geneviève, ou des poèmes indiens au Pan-
théon. Cependant il s'habituait à cette
méthode un peu fantaisiste, et finissait
même par y trouver plus d'intérêt et plus
de charme.

Mais adieu tout cela dès que le spectre politique et religieux se dressait dans l'imagination du professeur.

Alors M. Michelet ne subjuguait plus son auditoire. Il fatiguait tout le monde. Ses discours n'étaient d'un bout à l'autre que puérilités désolantes, emphase et mauvais goût.

A la fin de 1843, il publia contre la Société de Jésus le recueil édifiant de toutes les leçons de son cours, grossi des leçons, pour le moins aussi édifiantes, de M. Edgar Quinet.

Sur les entrefaites, le ministre de l'instruction publique, saisi d'une pétition marseillaise, d'une plainte formelle contre les deux professeurs, laissa voir qu'à son sens également il y avait beaucoup à reprendre dans l'exposé de doctrines de ces messieurs.

On prétend même que le comte Rossi, obtenant de la cour de Rome le rappel des Jésuites, avait pris, au nom du ministère français, l'engagement, sinon d'étouffer la voix, du moins de changer le ton des discoureurs.

Ce qu'il y a de certain, c'est que, le dimanche 13 juillet 1845, le ministre appelle à une assemblée générale messieurs du Collége de France.

Ils sont convoqués au nombre de vingt-huit.

Vingt-quatre sont présents à la réunion. M. Letronne préside, et, dès le commencement de la séance, on donne lecture d'une lettre du chef de l'Université, qui se plaint de l'enseignement de MM. Michelet et Quinet, comme excédant les limites de leur programme, et comme inspirés souvent par un esprit hostile au pouvoir.

En obéissance au désir exprimé par le ministre, on rédige une première proposition, ayant pour but de recommander expressément et énergiquement aux professeurs de ne pas s'écarter de leur programme.

MM. Thénard et Michel Chevalier la combattent ; elle est défendue par MM. Magendie, Biot et de Portets.

Quant aux professeurs qui ont suscité le débat, ils déclarent, avec un héroïsme digne d'une meilleure cause, n'avoir absolument rien à changer à la direction de leur enseignement.

On va aux voix.

La proposition est repoussée par treize bulletins contre onze ; puis on adopte la proposition suivante, rédigée par M. Elie de Beaumont :

« L'assemblée accepte les explications de MM. Michelet et Quinet, qui déclarent ne pas s'être écartés de leur programme, et elle rappelle qu'aucun des membres du Collége de France n'a jamais entendu se soustraire à l'obligation de se renfermer dans le programme présenté par eux et adopté par l'assemblée. »

Néanmoins, à la réouverture des cours,

Edgar Quinet annonçant qu'il allait donner l'*Histoire des littératures du Midi, comparées*, le ministre biffe du programme le mot *comparées*, et le grand Edgar s'abstient de reprendre ses leçons.

Quelle perte pour le Collége de France!

Heureusement, les leçons de M. Michelet continuent.

Divisée jusque-là sur la tête de M. Quinet et sur la sienne, la popularité démocratique et antireligieuse lui échoit sans partage.

Nous assistons, quatre années durant, à un scandale sans fin.

Le professeur s'exalte dans un système d'opposition frénétique.

Tous ses amis, tous ceux qu'il voyait autrefois à son niveau, se trouvent au sommet du pouvoir : il semble qu'un sentiment de haine jalouse excite M. Michelet contre eux; on pourrait croire qu'il en est au regret de son honnêteté politique, et qu'il veut faire comprendre en haut lieu cet axiome, plus profond qu'on ne pense :

« Lorsqu'un homme ne demande pas, il faut lui donner! »

Son indépendance d'allures devient si vive, et ses agressions perpétuelles soulèvent tant de périls, que le gouvernement de Louis-Philippe, à la fin de 1847, prend sur lui de suspendre le professeur démocrate.

Cette mesure provoque aussitôt dans le quartier Latin une formidable manifestation.

Deux mille étudiants se rassemblent, descendent des hauteurs de la montagne Sainte-Geneviève, et se dirigent vers la Chambre des Députés.

Partout, sur son passage, le cortége des Écoles cause une émotion profonde et prélude à cette folle agitation des banquets (ô Michel-Odilon-Morin-Barrot!) qui allait amener la chute du trône, et envoyer la branche cadette partager l'exil de la branche aînée.

N'oublions pas de dire que, trois années auparavant, Michelet avait publié son estimable ouvrage : *Du Prêtre, de la Femme et de la Famille.*

C'est un simple et modeste in-18, tout semblable aux *Paroles d'un Croyant* ; mais, comme ce dernier ouvrage, il est gros de scandale et d'impiété.

M. Michelet y sape les bases inébranlables du catholicisme, le célibat des prêtres et la confession.

L'ouvrage intitulé *le Peuple* paraît en 1846.

Après avoir donné la pâture aux incrédules, il fallait bien la donner aux démocrates.

Pour écrire cette œuvre, l'auteur a fait résonner toutes les fibres de son âme compatissante. Il s'apitoie sur le triste destin de l'homme, auquel, — notons-le, s'il vous plaît, en passant, — Dieu n'a jamais promis le bonheur ici-bas.

Nouvel Héraclite, M. Michelet pleure toutes ses larmes; il épuise la coupe amère de ses propres chagrins et des chagrins d'autrui.

C'est un véritable déluge d'affliction.

Parcourant les divers étages de la société, le grand écrivain trouve, à chaque marche, une douleur assise. La souffrance est partout, en haut, en bas, au milieu, aux champs comme à la ville. M. Michelet charge systématiquement les couleurs de ce tableau, pour avoir occasion de pleurer davantage.

Si toutes ses larmes avaient seulement été répandues sur ses erreurs !

Nous appartenons à un siècle malade, et, sans contredit, l'homme dont nous écrivons l'histoire est un de ceux que l'esprit chagrin et l'absence de consolation religieuse enfoncent le plus profondément dans le système empirique de la matière.

Sa tendresse larmoyante descend jusqu'aux bêtes. Il gémit sur leur destin.

« On les méprise trop, dit-il, et le mépris des êtres bruts tient peut-être à un excès de spiritualisme. »

O triplé rêveur !

Évidemment, il faut y mettre beaucoup

de bon vouloir pour nous trouver trop spiritualistes, par le temps qui court.

M. Michelet, en 1847, termina le premier volume de son *Histoire de la Révolution*, actuellement achevée.

La seconde république lui rendit sa chaire.

Hélas! elle ne put lui rendre ni la raison ni la prudence!

Il nous souvient d'avoir assisté, au commencement de 1851, à l'une des leçons de M. Michelet. Certes, l'impression qu'elle nous causa fut bien triste, et ce noble esprit nous donna des preuves effrayantes de son égarement.

L'auditoire était nombreux, comme toujours.

Une triple couronne de dames de tout âge avait de bonne heure envahi l'hémicycle et se pressait autour de la chaire.

Tout l'amphithéâtre était rempli par la jeunesse des Ecoles, qui refluait jusque dans les couloirs.

Très impatients de leur naturel, ces messieurs s'ennuyaient d'attendre depuis cinq quarts d'heure l'ouverture du cours. Ils battaient la semelle en mesure pour tuer le temps.

C'était absolument comme au théâtre, lorsqu'une circonstance imprévue retarde le lever du rideau.

Quelques aimables farceurs de la bande utilisaient, pour tromper l'ennui, leurs

talents de société : ils imitaient le chant
du coq, le grognement du cochon, l'aboi
du chien, le miaulement du chat.

Les apostrophes et les propos burles-
ques se croisaient en feu roulant de tous
les coins de la salle.

Parfois, quand le vacarme assourdis-
sait trop les oreilles, un personnage,
grave et barbu, se levait dans l'auditoire
et réclamait le silence avec autorité.

Cette facétieuse jeunesse criait alors
tout d'une voix :

— Eh! vous voyez bien que ce sont
les Jésuites! Ils viennent ici faire du
scandale... A bas les Jésuites!

Le cri se répétait d'un bout de l'amphithéâtre à l'autre, accompagné de sifflets et d'éclats de rire.

Enfin, au milieu du tumulte occasionné par ces clameurs, au milieu de la poussière soulevée par les exercices gymnastiques de la semelle, une porte s'ouvre, et le professeur paraît.

Sa présence est saluée par une triple salve d'applaudissements.

Néanmoins quelques rires ironiques partent encore des coins hostiles. Michelet peut les entendre.

— Vous ne savez pas où vous êtes, dit-il à cette minorité factieuse. Ici, ne l'oubliez pas, c'est la France qui parle ! Que dis-je, la France ? c'est l'Europe, l'Europe entière, l'Europe persécutée !

Après ce coup de foudre démocratique, lancé comme exorde, il entre immédiatement en matière, et commence par exalter le *Credo* de 93 aux dépens de l'Evangile.

M. Michelet déclare que les Jésuites et les prêtres abrutissent l'intelligence de trente millions de Français, *avec les dogmes absurdes d'une métaphysique byzantine*, dont les commentaires sont encore plus absurdes que le texte lui-même.

Ceci était net et catégorique.

La France chrétienne doit remercier M. Michelet d'avoir prêché des maximes aussi salutaires à la jeunesse qu'elle envoie, chaque année, de nos provinces, et les familles doivent être heureuses de songer qu'un professeur atrabilaire, hypocondre, ou à moitié fou, peut détruire avec un sophisme et deux phrases tout ce qu'une mère pieuse a semé de croyances dans l'âme de son fils.

Au plus fort des déclamations haineuses de l'orateur, notre voisin nous demanda :

— Pourquoi donc M. Michelet a-t-il eu la faiblesse d'envoyer son fils au catéchisme? Pourquoi lui a-t-il fait faire sa première communion près du tombeau de sainte Geneviève?

Franchement, nous ne sûmes que répondre.

Adolphe Crémieux fait baptiser ses

enfants, et il soutient de toute son influence le culte isréalite. Michelet donne
à son fils l'éducation religieuse, et il ac-
cuse les prêtres d'abrutir les masses et
de tuer l'intelligence : expliquez ces con-
tradictions ; tâchez de trouver le mot de
ces énigmes.

Par système, par ambition, par orgueil,
par amour de la célébrité, par crainte
d'une secte ou d'un parti, certains hommes viennent dire en public le contraire
de leur pensée intime.

C'est évident, c'est prouvé.

Haussons les épaules, chers lecteurs,
et répétons de nouveau, répétons toujours : « Comédie! comédie! »

M. Michelet termina, ce jour-là, son éloquent discours en disant :

« — Je vous le certifie, messieurs, le Bouddhisme vaut bien le Christianisme ; le *Khagiour* rivalise avec l'Evangile. Et ne croyez pas au *Consummatum est* du Christ. Non, tout n'est pas fini, puisque tout commence ! »

Ainsi, voilà le Christ traité d'imposteur par M. Michelet !

La folie a trop d'échelons pour que nous puissions dire au juste sur lequel on est perché, lorsqu'on débite à son auditoire de semblables harangues.

Un autre fois, l'illustre démocrate gémissait sur le sort des instituteurs primaires que le gouvernement venait de destituer. Il s'écriait, en joignant les mains et avec un accent de douleur dont la sincérité ne nous paraît pas douteuse :

« Le croirez-vous ? sept mille sont déjà sur le carreau! »

Puis, il ajoutait :

« On essaye de tous les moyens pour nous faire rentrer dans les ténèbres. Les mathématiques, qui ne remontent qu'à deux cents ans, sont suspectes. On entre chez un maître d'école; il est en train de dire aux élèves que trois font trois : — Enseignement suspect; c'est une révolte. Suspendu !

» Un autre enseigne la cosmographie. La cosmographie! Le moyen âge ne con-

naissait pas cela : — enseignement suspect, révolutionnaire. Suspendu !

Le mois suivant (1), Michelet, lui aussi,
fut suspendu.

M. Barthélemy Saint-Hilaire, adminis-
trateur du Collége de France, fit un
rapport contre lui, et, cette fois, M. Biot
ne jugea pas à propos de le défendre.

Depuis cette époque, l'éminent professeur est rentré dans la vie privée.

Comme on se l'imagine bien, après le
2 décembre, il refusa de prêter serment,
et se démit de sa place aux Archives.

Ayant perdu sa première femme, il a
convolé en secondes noces.

(1) Mars 1851.

Tout son labeur littéraire tend aujour-
d'hui à l'achèvement de sa grande *Histoire de France*, où il devra se montrer
fort impartial lorsqu'il s'agira de peindre l'honorable caractère des républicains
de nos jours, et de raconter les bienfaits
dont ils ont comblé le pays ingrat.

M. Michelet, comme intermède à ses
travaux sérieux, a publié récemment un
joli poème en prose, qui a pour titre
l'Oiseau.

Nous l'aimons beaucoup mieux simple
écrivain que professeur, et quelques personnes partagent notre avis.

Là, du moins, sa dignité reste entière ;
elle n'est plus amoindrie par le ridicule,

ce grand démolisseur des réputations usur
pées.

Le héros de ce livre, grâce à son enseignement démocratique, était devenu
ridicule, même chez le peuple, témoin
ce propos d'un ouvrier, le jour même
de la fameuse protestation au sujet de la
fermeture du cours.

On ramenait une vingtaine d'étudiants
entre deux haies de sergents de ville.

— Ah! bon! dit notre loustic en blou-
se : c'est des écoliers échappés qui s'en
allaient à la Chaumière. Le patron leur-
z-y a lâché la *rousse*. On les reconduit
en classe !

Nous ne terminerons pas cette notice

biographique sans dire franchement sur
l'illustre écrivain notre opinion définitive,
et sans présenter sous son juste point de
vue l'étrange volte-face, qui, brusque-
ment et sans transition, fit un ultra-libé-
ral d'un monarchiste, et un impie d'un
chrétien.

Les souffrances de collége, les injus-
tices de ses camarades avaient profondément aigri le caractère du jeune Michelet.

Sûr de sa valeur personnelle, ayant con-
quis une position par son seul mérite,
il se trouva directement en lutte avec le
despotisme religieux, dont la sottise politique de la Restauration se servait alors,
comme d'une massue, pour écraser tout

ce qui entrait en révolte contre sa dépendance.

Esprit fier, et marchant de lui-même dans le sentier des saines doctrines, Michelet s'en écarta, dès qu'on lui fit un devoir d'y rester.

Comme toujours, l'orgueil se mit de la partie, et l'aigreur du misanthrope fit le reste.

Il résulte de tout ce que nous venons de dire que la passion seule a troublé le cerveau de l'écrivain et a jeté son intelligence dans des écarts.

Le sentiment de l'orgueil est tellement développé chez M. Michelet, qu'il se fâche, non seulement si on critique ses œu-

vres, mais encore si on ne leur accorde
pas des éloges en suffisance. Dernière-
ment, le peintre Couture, son compa-
triote, lui disait :

— Je viens de lire votre poème de l'*Oi-*
seau, c'est fort joli !

Notre écrivain trouva que *joli* était
presque une offense. Il s'éloigna boudeur
et mécontent. Couture aurait dû dire *su-*
blime.

Au lieu de se borner à accuser les
hommes, Michelet accusa le principe ; il
se coiffa d'idées nouvelles systématiquement et par rancune, s'y exalta de plus
en plus chaque jour, et se piqua les flancs
pour y croire lui-même.

Qu'il interroge sa conscience, et qu'il ose soutenir que nous ne sommes pas dans le vrai.

L'entêtement, le faux point d'honneur l'ont maintenu dans cette voie, et, comme Lamennais, il va peut-être, hélas! y rester jusqu'à la fin.

O misère !

Ils appellent cela sauver le drapeau.

FIN

Monsieur,

Je ne fais de vous savez que l'on vient de m'ôter mon traitement de collège de France (5000 fr.) — mes charges qui sont très fortes n'ont pas diminué. Demain mardi, espérant de vous voir mercredi ou une heure, je vous enverrai avec vos papiers mon faible tribut.

Recevez mes salutations fraternelles.

J. Michelet

Lith. V. Janson, rue Dauphine, 16, Paris.

HISTOIRE-MUSÉE

DE LA

RÉPUBLIQUE FRANÇAISE

DEPUIS

L'ASSEMBLÉE DES NOTABLES JUSQU'A L'EMPIRE

PAR

AUGUSTIN CHALLAMEL

ACCOMPAGNÉE

DES ESTAMPES, COSTUMES, MÉDAILLES,
CARICATURES, PORTRAITS HISTORIÉS ET AUTOGRAPHES
LES PLUS REMARQUABLES DU TEMPS

TROISIÈME ÉDITION

Le succès qui a accueilli les deux premières
éditions de ce livre pourrait, à la rigueur, nous
dispenser d'entrer dans de nouvelles explications sur l'intérêt des matières qu'il traite et

sur l'importance des nombreux documents qu'il contient; mais il nous a semblé qu'il ne serait pas hors de propos aujourd'hui de dire quelques mots sur la pensée de l'auteur, sur le plan qu'il a suivi et sur les motifs qui doivent faire, à notre avis, désirer en ce moment une réimpression de cet ouvrage.

L'Histoire-Musée de la République française n'est pas, à proprement parler, une histoire de la République, c'est-à-dire un récit plus ou moins détaillé des événements publics groupés et appréciés suivant la passion politique, le système ou l'école philosophique de l'auteur; elle n'est pas non plus, comme on pourrait le penser, un simple recueil de documents, plutôt fait pour les écrivains que pour les lecteurs; elle tient à la fois de ces deux genres de livres; plus impartiale et moins solennelle que les narrations des historiens, en ce qu'elle se borne, la plupart du temps, à exposer les circonstances dans lesquelles se sont produits les lettres, les dessins, les emblèmes, les caricatures, dont elle retrace et conserve l'image exacte comme autant de monuments des luttes des partis, elle est moins sèche aussi et plus instructive qu'une simple collection de pièces, parce que, en guidant le lecteur par un récit rapide des faits qui relient entre elles ces productions si diverses de l'esprit français pris sur le fait dans le moment où la surexcitation des passions de parti lui donne l'essor le plus énergique, elle met l'observateur intelligent à même d'en déduire des enseignements utiles.

On pourrait dire que l'*Histoire-Musée de la République française* est la chronique du mouvement quotidien de l'esprit français pendant la Révolution.

Quant à l'opportunité du moment choisi pour cette réimpression, nul ne contestera qu'elle ne saurait se produire plus à propos que dans ces temps de calme si favorables à la méditation, ces temps où les esprits sérieux aiment à chercher dans l'étude impartiale du passé la raison d'être du présent et la leçon de l'avenir.

CONDITIONS DE LA SOUSCRIPTION

L'*Histoire-Musée de la République française*, par AUGUSTIN CHALLAMEL, formera deux volumes grand in-8 Jésus.

350 gravures sur acier et sur bois, dessinées et gravées par les meilleurs artistes, illustreront cet ouvrage, qui sera publié en 72 livraisons à 25 cent., et en 12 séries brochées à 1 fr. 50 cent.

Chaque livraison contiendra invariablement 16 pages de texte, avec gravures, plus *deux gravures* sur acier ou sur bois, tirées à part, ou une gravure et un autographe.

Prix de la livraison, 25 centimes

LES PREMIÈRES LIVRAISONS SONT EN VENTE

ON SOUSCRIT A PARIS

CHEZ GUSTAVE HAVARD, LIBRAIRE-ÉDITEUR

RUE GUÉNÉGAUD, 15

Et chez tous les Libraires de la France et de l'Étranger.